Émile Durkheim

Sociologie

et sciences sociales.

© 2024 Culturea
Texte et illustration de couverture : © domaine public (open access licence CC0 1.0 universel)
Édition et mise en page : Culturea (Hérault, 34)
Retrouvez notre catalogue sur http://culturea.fr/
Contact : infos@culturea.fr
Imprimé en Allemagne par Books on Demand Gmbh
Design typographique et layout : Derek Murphy et Reedsy
ISBN : 9791041990030
Date de parution : février 2024
Ce livre :
— a été composé avec une police open source libre de droits dessinée sur Open Fondry
 https://open-foundry.com/
— est édité en libre access sous licence CC0 (Creative Commons Zero) afin de conserver l'oeuvre au plus près des caractéristiques du domaine public.
— offre la possibilité à son lecteur de partager, dupliquer ou distribuer son contenu, sans restriction ni réserve.
— permet de replanter un arbre. SHS Éditions soutient Plantons Pour l'Avenir, fonds de dotation pour le reboisement des forêts françaises
400 projets de reboisement de forêts soutenus depuis 2014 à travers la France https://www.plantonspourlavenir.fr/

Table des matières

Sociologie et sciences sociales

I. Historique

Quand il s'agit d'une science nouvelle comme la sociologie, qui, née d'hier, est seulement en train de se constituer, le meilleur moyen d'en faire comprendre la nature, l'objet et la méthode, est d'en retracer sommairement la genèse.

Le mot de sociologie a été créé par Auguste Comte pour désigner la science des sociétés [1]. Si le mot était nouveau, c'est que la chose même était nouvelle ; un néologisme était nécessaire. Sans doute, en un sens très large, on peut dire que la spéculation sur les choses politiques et sociales a commencé avant le XIXe siècle : *La République* de Platon, *La Politique* d'Aristote, les innombrables traités dont ces deux ouvrages ont été comme le modèle, ceux de Campanella, de Hobbes, de Rousseau et de tant d'autres traitaient déjà de ces questions. Mais ces diverses études différaient par un trait essentiel de celles que désigne le mot de sociologie. Elles avaient, en effet, pour objet, non pas de décrire et d'expliquer les sociétés *telles qu'elles sont* ou *telles qu'elles ont été,* mais de chercher ce que les sociétés *doivent être, comment elles doivent s'organiser* pour être aussi parfaites que possible. Tout autre est le but du sociologue qui étudie les sociétés simplement *pour les connaître* et *les comprendre,* comme le physicien, le chimiste, le biologiste font pour les phénomènes physiques, chimiques et biologiques. Sa tâche est uniquement de bien déterminer les faits dont il entreprend l'étude, de découvrir les lois selon lesquelles ils se produisent, en laissant à d'autres le soin de

---

1 Le mot, formé d'un mot latin et d'un mot grec accouplés, a un caractère hybride que les puristes lui ont souvent reproché. Mais, en dépit de cette formation vicieuse, il a aujourd'hui conquis droit de cité dans toutes les langues européennes.

trouver, s'il y a lieu, les applications possibles des propositions qu'il établit.

C'est dire que la sociologie ne pouvait apparaître avant qu'on n'eût acquis le sentiment que les sociétés, comme le reste du monde, sont soumises à des lois qui dérivent nécessairement de leur nature et qui l'expriment. Or cette conception a été très lente à se former. Pendant des siècles, les hommes ont cru que même les minéraux n'étaient pas régis par des lois définies, mais pouvaient prendre toutes les formes et toutes les propriétés possibles pourvu qu'une volonté suffisamment puissante s'y appliquât. On croyait que certaines formules ou certains gestes avaient la vertu de transformer un corps brut en un être vivant, un homme en un animal ou une plante, et inversement. Cette illusion, pour laquelle nous avons une sorte de penchant instinctif, devait naturellement persister beaucoup plus longtemps dans le domaine des faits sociaux.

En effet, comme ils sont beaucoup plus complexes, l'ordre qu'ils présentent est bien plus difficile à apercevoir et, par suite, on est porté à croire que tout s'y passe d'une manière contingente et plus ou moins désordonnée. À première vue, quel contraste n'y a-t-il pas entre la suite simple, rigoureuse, avec laquelle se déroulent les phénomènes de l'univers physique, et l'aspect chaotique, capricieux, déconcertant des événements qu'enregistre l'histoire ! D'un autre côté, la part même que nous y prenons nous inclinait à penser qu'étant par nous ils dépendaient exclusivement de nous et pouvaient être ce que nous voulions qu'ils fussent. Dans ces conditions, il n'y avait pas lieu de les observer puisqu'ils n'étaient rien par eux- mêmes, mais tenaient tout ce qu'ils avaient de réel de notre seule volonté. De ce point de vue, la seule question qui pouvait se poser était de savoir, non pas ce qu'ils étaient et suivant quelles lois ils procédaient, mais ce que nous pouvions et devions souhaiter qu'ils fussent.

C'est seulement à la fin du XVIIIe siècle que l'on commença à entrevoir que le règne social a ses lois propres, comme les autres règnes de la nature. Montesquieu, en déclarant que « les lois sont les rapports nécessaires qui dérivent de la nature des choses », entendait bien que cette excellente définition de la loi naturelle s'appliquait aux choses sociales comme aux autres ; et son *Esprit des Lois* a précisément pour objet de montrer comment les institutions juridiques sont fondées dans la nature des hommes et de leurs milieux. Peu après, Condorcet entreprenait de retrouver l'ordre suivant lequel s'étaient faits les progrès de l'humanité [2] ; ce qui était la

---

2 Dans le *Tableau des progrès de l'esprit humain*.

meilleure manière de faire voir qu'ils n'avaient rien de fortuit, de capricieux, mais dépendaient de causes déterminées. En même temps, les économistes enseignaient que les faits de la vie industrielle et commerciale sont gouvernés par des lois qu'ils croyaient même avoir découvertes.

Cependant, et bien que ces différents penseurs aient préparé la voie à la conception sur laquelle repose la sociologie, ils n'avaient encore qu'une notion assez ambiguë et flottante de ce que sont les lois de la vie sociale. Ils ne voulaient pas dire, en effet, que les faits sociaux s'enchaînent les uns aux autres suivant des relations de cause à effet, définies et invariables, que le savant cherche à observer par des procédés analogues à ceux qui sont employés dans les sciences de la nature. Mais ils entendaient seulement que, étant donné la nature de l'homme, une voie se trouvait par cela même tracée qui seule était naturelle et que l'humanité devait suivre *si elle voulait être d'accord avec elle-même et remplir ses destinées ;* mais il restait possible qu'elle s'en écartât.

Et en fait on estimait qu'il lui était arrivé sans cesse de s'en écarter par suite de déplorables aberrations qu'on ne prenait pas, d'ailleurs, grand soin d'expliquer. Pour les économistes, par exemple, la véritable organisation économique, la seule dont la science ait à connaître, n'a, pour ainsi dire, jamais existé ; elle est plus idéale que réelle ; car les hommes, sous l'influence de leurs gouvernants et par suite d'un véritable aveuglement, s'en seraient toujours laissé détourner. C'est dire qu'on la construisait déductivement beaucoup plus qu'on ne l'observait ; et l'on revenait ainsi, quoique d'une manière indirecte, aux conceptions qui étaient à la base des théories politiques de Platon et d'Aristote.

C'est seulement au début du XIXe siècle, avec Saint-Simon d'abord [3], et surtout avec Auguste Comte son disciple, qu'une conception nouvelle s'est définitivement fait jour.

Procédant, dans son *Cours de philosophie positive, à* la revue synthétique de toutes les sciences constituées de son temps, il constata qu'elles reposaient toutes sur cet axiome que les faits dont elles traitent sont liés suivant des rapports nécessaires, c'est-à-dire sur le principe déterministe ; d'où il conclut que ce principe, qui avait été ainsi vérifié dans tous les autres règnes de la nature, depuis le règne des grandeurs mathématiques jusqu'à celui de la vie, devait être également

---

[3] Principaux ouvrages de SAINT-SIMON concernant *la* science sociale : *Mémoire sur la science de l'homme,* 1813 ; *L'industrie,* 1816-1817 ; *L'organisateur,* 1819 ; *Du système industriel,* 1821-1822 ; *Catéchisme des industriels,* 1822-1824 ; *De la physiologie appliquée aux améliorations sociales.*

vrai du règne social. Les résistances mêmes qui s'opposent aujourd'hui à cette extension nouvelle de l'idée déterministe ne doivent pas arrêter le philosophe, car elles se sont régulièrement produites chaque fois qu'il a été question d'étendre à un règne nouveau ce postulat fondamental, et elles ont toujours été vaincues. Il fut un temps où l'on se refusait à l'admettre même dans le monde des corps bruts ; il s'y est établi. On l'a nié ensuite des êtres vivants et pensants ; il y est maintenant incontesté.

On peut donc être assuré que les mêmes préjugés auxquels il vient se heurter, quand il s'agit de l'appliquer au monde social, ne dureront eux-mêmes qu'un temps. D'ailleurs, puisque Comte posait comme une vérité d'évidence — vérité, au reste, qui est maintenant incontestée — que la vie mentale de l'individu est soumise à des lois nécessaires, comment les actions et les réactions qui s'échangent entre les consciences individuelles, quand elles sont associées, ne seraient-elles pas soumises à la même nécessité ?

De ce point de vue, les sociétés cessaient d'apparaître comme une sorte de matière indéfiniment malléable et plastique, que les hommes peuvent, pour ainsi dire, pétrir à volonté ; il fallait désormais y voir des réalités, dont la nature s'impose à nous et qui ne peuvent être modifiées, comme toutes choses naturelles, que conformément aux lois qui les régissent. Les institutions des peuples ne pouvaient plus être considérées comme le produit de la volonté, plus ou moins bien claire, des princes, des hommes d'État, des législateurs, mais comme les résultantes nécessaires de causes déterminées qui les impliquaient physiquement. Étant donné la manière dont un peuple est composé à un moment de son histoire, l'état de sa civilisation à cette même époque, il en résulte une organisation sociale, caractérisée de telle ou telle façon, tout comme les propriétés d'un corps résultent de sa constitution moléculaire. On se trouve donc en face d'un ordre de choses stable, immuable, et une science pure devient, à la fois, possible et nécessaire pour le décrire et l'expliquer, pour dire quels en sont les caractères et de quelles causes ils dépendent. Cette science, purement spéculative, c'est la sociologie. Pour mieux montrer les rapports qu'elle soutient avec les autres sciences positives, Comte l'appelle souvent la physique sociale.

On a dit parfois que cette manière de voir impliquait une sorte de fatalisme. Si le réseau des faits sociaux est d'une trame aussi solide et aussi résistante, ne s'ensuit-il pas que les hommes sont incapables de le modifier et que, par conséquent, ils ne peuvent agir sur leur propre histoire ? Mais l'exemple de ce qui s'est passé dans les autres règnes de la nature montre combien ce reproche est injustifié. Il fut un temps où, comme nous le rappelions tout à l'heure, l'esprit humain ignorait que l'univers physique eût ses lois. Est-ce à ce moment que l'homme a eu le plus d'empire sur les choses ? Sans doute, le sorcier, le magicien croyaient pouvoir, à volonté, transmuter les corps les uns dans les autres ; mais le pouvoir qu'ils s'attribuaient ainsi était, nous le savons aujourd'hui, purement imaginaire. Au contraire, depuis que les sciences positives de la nature se sont constituées (et elles se sont constituées, elles aussi, en prenant pour base le postulat déterministe), que de changements n'avons-nous pas introduits dans l'univers ! Il en sera de même dans le règne social. Jusqu'à hier, on croyait que tout y était arbitraire, contingent, que les législateurs ou les rois pouvaient, tout comme les alchimistes d'autrefois, changer à leur guise la face des sociétés, les faire passer d'un type dans un autre. En réalité, ces prétendus miracles étaient illusoires ; et à combien de graves méprises a donné lieu cette illusion encore trop répandue ! Au contraire, c'est la sociologie qui, en découvrant les lois de la réalité sociale, nous permettra de diriger avec plus de réflexion que par le passé l'évolution historique ; car nous ne pouvons changer la nature, morale ou physique, qu'en nous conformant à ses lois. Les progrès de l'art politique suivront ceux de la science sociale, comme les découvertes de la physiologie et de l'anatomie ont aidé au perfectionnement de l'art médical, comme la puissance de l'industrie s'est centuplée depuis que la mécanique et les sciences physico-chimiques ont pris leur essor. Les sciences, en même temps qu'elles proclament la nécessité des choses, nous mettent entre les mains les moyens de la dominer [4]. Comte fait même remarquer avec insistance que, de tous les phénomènes naturels, les phénomènes sociaux sont les plus malléables, les plus accessibles aux variations, aux changements, parce qu'ils sont les plus complexes. La sociologie n'impose donc nullement à l'homme une attitude passivement conservatrice ; au contraire, elle étend le champ de notre action par cela seul qu'elle étend le champ de notre science. Elle nous détourne seulement des entreprises irréfléchies et stériles, inspirées par la croyance qu'il nous est possible de changer, comme nous voulons, l'ordre social, sans tenir compte des habitudes, des traditions, de la constitution mentale de l'homme et des sociétés.

---

[4] On objecte que le déterminisme sociologique est inconciliable avec le libre arbitre. Mais si vraiment l'existence de la liberté impliquait la négation de toute loi déterminée, elle est un obstacle insurmontable, non seulement pour les sciences sociales, mais pour toutes les sciences ; car, comme les volitions humaines sont toujours liées à quelques mouvements extérieurs, elle rend le déterminisme tout aussi inintelligible en dehors de nous qu'au-dedans. Cependant, nul ne conteste plus, même parmi les partisans du libre arbitre, la possibilité des sciences physiques et naturelles. Pourquoi en serait-il autrement de la sociologie ?

Mais, si essentiel que soit ce principe, il ne suffisait pas à fonder la sociologie. Pour qu'il y eût matière à une science nouvelle, appelée de ce nom, encore fallait-il que l'objet dont elle entreprenait l'étude ne se confondît avec aucun de ceux dont traitent les autres sciences. Or, au premier abord, il peut paraître que la sociologie est indistincte de la psychologie, et la thèse a été effectivement soutenue, notamment par M. Tarde [5]. La société, dit-on, n'est rien en dehors des individus qui la composent ; ils sont tout ce qu'elle a de réel. Comment donc la science des sociétés pourrait-elle se distinguer de la science des individus, c'est-à-dire de la psychologie ?

À raisonner ainsi, on pourrait soutenir également que la biologie n'est qu'un chapitre de la physique et de la chimie, car la cellule vivante est composée exclusivement d'atomes de carbone, d'azote, etc., dont traitent les sciences physico-chimiques. Mais c'est oublier qu'un tout a très souvent des propriétés très différentes de celles que possèdent les parties qui le constituent. S'il n'y a dans la cellule que des éléments minéraux, ceux-ci, en se combinant d'une certaine manière, dégagent des propriétés qu'ils n'ont pas quand ils ne sont pas combinés ainsi, et qui sont caractéristiques de la vie (propriétés de se nourrir et de se reproduire) ; ils forment

---

[5] Voir notamment son livre sur *L'imitation.*

donc, par le fait de leur synthèse, une réalité d'un genre tout nouveau qui est la réalité vivante, et qui constitue l'objet de la biologie. De même, les consciences individuelles, en s'associant d'une manière stable, dégagent, par suite des rapports qui s'échangent entre elles, une vie nouvelle, très différente de celle dont elles seraient le théâtre si elles étaient restées isolées les unes des autres ; c'est la vie sociale. Les institutions et les croyances religieuses, les institutions politiques, juridiques, morales, économiques, en un mot tout ce qui constitue la civilisation n'existerait pas s'il n'y avait pas de société.

En effet, la civilisation suppose une coopération non seulement de tous les membres d'une même société, mais encore de toutes les sociétés qui sont en rapport les unes avec les autres. De plus, elle n'est possible que si les résultats obtenus par une génération se transmettent à la génération suivante de manière à pouvoir s'accumuler avec ceux qu'obtiendra cette dernière. Mais pour cela, il faut que les générations successives, à mesure qu'elles parviennent à l'âge adulte, ne se séparent pas les unes des autres, mais restent étroitement en contact, c'est-à-dire associées d'une manière permanente. Voilà donc tout un vaste ensemble de choses qui ne sont que parce qu'il y a des associations humaines, et qui varient suivant ce que sont ces associations, suivant la manière dont elles sont organisées. Trouvant leur explication immédiate [6] dans la nature, non des individus, mais des sociétés, ces choses constituent donc la matière d'une science nouvelle, distincte de la psychologie individuelle, quoique en rapport avec cette dernière : c'est la sociologie.

Ces deux principes. Comte ne se contenta pas de les établir théoriquement, il entreprit de les mettre en pratique et, pour la première fois, il tenta de faire une sociologie. C'est à quoi sont employés les trois derniers volumes du *Cours de philosophie positive*. Du détail de son œuvre il ne reste plus grand-chose aujourd'hui. Les connaissances historiques et surtout ethnographiques étaient encore trop rudimentaires de son temps pour offrir aux inductions du sociologue une base suffisamment solide. De plus, comme nous le verrons plus loin. Comte ne se rendait pas compte de la multiplicité des problèmes que posait la science nouvelle : il croyait pouvoir la faire d'un coup, comme on fait un système de métaphysique, alors que la sociologie, comme toute science, ne peut se constituer que progressivement, en abordant les questions les

---

[6] Sans doute, la nature des sociétés tient, en partie, la nature de l'homme en général ; mais l'explication directe, immédiate des faits sociaux se trouve dans la nature de la société, car, autrement, la vie sociale n'aurait pas plus varié que les attributs constitutifs de l'humanité.

unes après les autres. Mais l'idée était infiniment féconde et survécut au fondateur du positivisme.

Elle fut reprise d'abord par Herbert Spencer [7]. Puis, dans ces trente dernières années, toute une légion de travailleurs se leva, un peu dans tous les pays, mais tout particulièrement en France, qui s'appliquèrent à ces études. La sociologie est sortie maintenant de l'âge héroïque. Les principes sur lesquels elle repose, et qui avaient été proclamés tout d'abord d'une manière toute philosophique et dialectique, ont reçu maintenant la confirmation des faits. Elle suppose que les phénomènes sociaux n'ont rien de contingent ni d'arbitraire. Or les sociologues ont montré qu'en effet certaines institutions morales, juridiques, certaines croyances religieuses se retrouvaient identiques à elles-mêmes partout où les conditions de la vie sociale présentaient la même identité. On a même pu constater que des usages se ressemblaient jusque dans les détails, et cela dans des pays très éloignés les uns des autres et entre lesquels il n'y a jamais eu aucune espèce de communication. Cette remarquable uniformité est la meilleure preuve que le règne social n'échappe pas à la loi du déterminisme universel.

---

7 V. ses *Principes de sociologie,* trad. franç.

2. Les divisions de la sociologie : les sciences sociales particulières

Mais si, en un sens, la sociologie est une science une, elle ne laisse pas de comprendre une pluralité de questions et, par conséquent, de sciences particulières. Voyons donc quelles sont ces sciences dont elle est le *corpus*.

Déjà Comte avait senti la nécessité de la diviser : il y distinguait deux parties, la statique et la dynamique sociales. La statique étudie les sociétés en les considérant comme fixées à un moment de leur devenir et elle recherche les lois de leur équilibre. À chaque instant du temps, les individus et les groupes qui les forment sont unis entre eux par des liens d'un certain genre qui assurent la cohésion sociale, et les divers états d'une même civilisation soutiennent les uns avec les autres des connexions définies : à tel état de la science, par exemple, correspond tel état de la religion, de la morale, de l'art, de l'industrie, etc. La statique essaye de déterminer en quoi consistent ces liens de solidarité et ces connexions. La dynamique, au contraire, considère les sociétés dans leur évolution, et s'applique à découvrir la loi de leur développement. Mais l'objet de la statique, telle que l'entendait Comte, est très peu déterminé, comme il ressort de la définition qui vient d'en être donnée : aussi ne tient-elle que quelques pages dans le *Cours de philosophie*. Toute la place est prise par la dynamique. Or le problème que traite la dynamique est unique : suivant Comte, une seule et même loi domine la suite de l'évolution, c'est la fameuse loi des trois états [8]. Rechercher cette loi, voilà quel serait le seul objet de la dynamique sociale. Ainsi entendue, la sociologie se réduirait donc à une seule question, si bien que, du jour où cette question unique serait résolue — et Comte croyait en avoir trouvé la solution définitive — la science serait faite. Or il est dans la nature même des sciences positives de n'être jamais achevées. Les réalités dont elles traitent sont beaucoup trop complexes pour pouvoir être jamais épuisées. Si la sociologie est une science positive, on peut être assuré qu'elle ne tient pas dans un seul problème, mais comprend, au contraire, des

---

8 C'est la loi en vertu de laquelle l'humanité aurait successivement passé et devait nécessairement passer par trois âges : l'âge théologique, puis l'âge métaphysique, et enfin l'âge de la science positive.

parties différentes, des sciences distinctes qui correspondent aux divers aspects de la vie sociale.

Il y a, en réalité, autant de branches de la sociologie, autant de sciences sociales particulières qu'il y a d'espèces différentes de faits sociaux. Une classification méthodique des faits sociaux serait prématurée et, en tout cas, elle ne saurait être tentée ici. Mais il est possible d'indiquer quelles en sont les catégories principales.

Tout d'abord, il y a lieu d'étudier la société dans son aspect extérieur. Considérée sous cet angle, elle apparaît comme formée par une masse de population, d'une certaine densité, disposée sur le sol d'une certaine façon, dispersée dans les campagnes ou concentrée dans les villes, etc. : elle occupe un territoire plus ou moins étendu, situé de telle ou telle manière par rapport aux mers et aux territoires des peuples voisins, sillonné plus ou moins de cours d'eau, de voies de communication de toutes sortes qui mettent en rapport, ou plus lâche ou plus intime, les habitants. Ce territoire, ses dimensions, sa configuration, la composition de la population qui se meut sur sa surface sont naturellement des facteurs importants de la vie sociale ; c'en est le substrat et, de même que, chez l'individu, la vie psychique varie suivant la composition anatomique du cerveau qui la supporte, de même les phénomènes collectifs varient suivant la constitution du substrat social. Il y a donc place pour une science sociale qui en fasse l'anatomie ; et puisque cette science a pour objet la forme extérieure et matérielle de la société, nous proposons de l'appeler *morphologie sociale*. La morphologie sociale ne doit pas, d'ailleurs, se borner à une analyse descriptive ; elle doit aussi expliquer. Elle doit chercher d'où vient que la population se masse sur certains points plutôt que sur d'autres, ce qui fait qu'elle est principalement urbaine ou principalement rurale, quelles sont les causes qui déterminent ou enrayent le développement des grandes villes, etc. On voit que cette science spéciale a elle-même une multitude indéfinie de problèmes à traiter [9].

Mais à côté du substrat de la vie collective, il y a cette vie elle-même. Nous retrouvons ici une distinction analogue à celle que l'on observe dans les autres sciences de la nature. À côté de la chimie qui étudie la manière dont les minéraux sont constitués, il y a la physique qui a pour matière les phénomènes de toute sorte dont les corps ainsi constitués

---

9 Ce que les Allemands appellent *l'Anthropogéographie* n'est pas sans rapport avec ce que nous nommons morphologie sociale (Voir les travaux de Ratzel en Allemagne et de M. Vidal de La Blache en France).

sont le théâtre. En biologie, tandis que l'anatomie (appelée aussi morphologie) analyse la structure des êtres vivants, le mode de composition de leurs tissus, de leurs organes, la physiologie étudie les fonctions de ces tissus, de ces organes. De même, à côté de la morphologie sociale il y a place pour une physiologie sociale qui étudie les manifestations vitales des sociétés.

Mais la physiologie sociale est elle-même très complexe et comprend une pluralité de sciences particulières ; car les phénomènes sociaux, d'ordre physiologique, sont eux-mêmes très variés.

Il y a d'abord les croyances, les pratiques et les institutions religieuses. La religion, en effet, est une chose sociale puisqu'elle a toujours été la chose d'un groupe, à savoir d'une Église, et que même, dans la très grande généralité des cas, l'Église et la société politique se confondent. Jusqu'à des temps tout récents on était le fidèle de telles divinités par cela seul qu'on était le citoyen de tel État. En tout cas, les dogmes, les mythes ont toujours consisté en des systèmes de croyances communes à toute une collectivité et obligatoires pour tous les membres de cette collectivité. Il en est de même des rites. L'étude de la religion ressortit donc à la sociologie : elle constitue l'objet de la *sociologie religieuse.*

Les idées morales et les mœurs forment une autre catégorie, distincte de la précédente. On verra dans un autre chapitre comment les règles de la morale sont des phénomènes sociaux ; ils sont l'objet de la *sociologie morale.*

Le caractère social des institutions juridiques n'a pas besoin d'être démontré. Elles sont étudies par la *sociologie juridique.* Celle-ci est, d'ailleurs, en rapport étroit avec la sociologie morale ; car les idées morales sont l'âme du droit. Ce qui fait l'autorité d'un code, c'est l'idéal moral qu'il incarne et qu'il traduit en formules définies.

Il y a enfin les institutions économiques : institutions relatives à la production des richesses (servage, fermage, régime corporatif, entreprise patronale, régime coopératif, production en fabrique, en manufacture, en chambre, etc.), institutions relatives à l'échange (organisation commerciale, marchés, bourses, etc.), institutions relatives à la distribution (rente, intérêts, salaire, etc.). Elles forment la matière de la *sociologie économique.*

Telles sont les principales branches de la sociologie. Il s'en faut pourtant que ce soient les seules. Le langage, qui, par certains côtés, dépend de conditions organiques, est pourtant un phénomène social ; car lui aussi est toujours l'œuvre d'un groupe dont il porte la marque. Même le langage est, en général, un des éléments caractéristiques de la physionomie des sociétés, et ce n'est pas sans raison que la parenté des langues est souvent employée comme un moyen d'établir la parenté des peuples. Il y a donc matière pour une étude sociologique du langage qui est, d'ailleurs, commencée [10]. On en peut dire autant de l'esthétique ; car quoique chaque artiste (poète, orateur, sculpteur, peintre, etc.) mette sa marque propre sur les œuvres qu'il crée, toutes celles qui sont élaborées dans un même milieu social et à une même époque expriment, sous des formes diverses, un même idéal qui est lui-même étroitement en rapport avec le tempérament des groupes sociaux auxquels ces œuvres s'adressent.

Il est vrai que certains de ces faits sont déjà étudiés par des disciplines depuis longtemps constituées ; notamment, les faits économiques servent de matière à cet ensemble de recherches, d'analyses, de théories diverses que l'on désigne communément sous le nom d'économie politique. Mais, ainsi que nous l'avons dit plus haut, l'économie politique est restée jusqu'à présent une étude hybride, intermédiaire entre l'art et

---

[10] V. les travaux de M. MEILLET et notamment le mémoire paru dans *L'Année sociologique* (t. IX), sous ce titre : « Comment les mots changent de sens. »

la science ; elle est beaucoup moins occupée à observer la vie industrielle et commerciale, telle qu'elle est et telle qu'elle a été, pour la connaître et en déterminer les lois, qu'à la reconstruire telle qu'elle doit être. Les économistes n'ont encore que bien faiblement le sentiment que la réalité économique s'impose à l'observateur comme les réalités physiques, qu'elle est soumise à la même nécessité et que, par suite, il faut en faire la science d'une manière toute spéculative, avant d'entreprendre de la réformer. De plus, ils étudient les faits dont ils traitent comme s'ils formaient un tout indépendant, qui se suffit et peut s'expliquer par lui-même. Or en réalité, les fonctions économiques sont des fonctions sociales, solidaires des autres fonctions collectives, et elles deviennent inexplicables quand on les abstrait violemment de ces dernières. Le salaire des ouvriers ne dépend pas seulement des rapports entre l'offre et la demande, mais de certaines conceptions morales ; il hausse ou il baisse suivant l'idée que nous nous faisons du bien-être minimum que peut revendiquer un être humain, c'est-à-dire, en définitive, suivant l'idée que nous nous faisons de la personne humaine. On pourrait multiplier les exemples. En devenant une branche de la sociologie, la science économique sera naturellement arrachée à cet isolement en même temps qu'elle se pénétrera davantage de l'idée du déterminisme scientifique. Par conséquent, en prenant ainsi place dans le système des sciences sociales, elle ne se bornera pas à changer d'étiquette ; elle transformera et l'esprit dont elle est animée et les méthodes qu'elle pratique.

On voit par cette analyse combien il s'en faut que la sociologie soit une sorte de science très simple, qui tienne, comme le pensait Comte, dans un seul problème. Dès aujourd'hui, il est impossible à un sociologue de posséder l'encyclopédie de sa science ; mais il faut que chaque savant s'attache à un ordre spécial de problèmes, s'il ne veut pas se contenter de vues très générales et vagues, qui pouvaient avoir leur utilité tant que la sociologie s'essayait seulement à explorer son domaine et à prendre conscience d'elle-même, mais auxquelles elle ne doit plus s'attarder désormais. Ce n'est pas à dire toutefois qu'il n'y ait pas place pour une science synthétique qui s'efforce de rassembler les conclusions générales qui se dégagent de toutes ces sciences particulières. Si différentes que soient les unes des autres les diverses classes de faits sociaux, ce ne sont pourtant que des espèces d'un même genre ; il y a donc lieu de rechercher ce qui fait l'unité du genre, ce qui caractérise le fait social *in abstracto* et s'il n'y a pas des lois très générales dont les lois diverses établies par les sciences spéciales ne sont que des formes particulières. C'est l'objet de la sociologie générale, de même que la biologie générale a pour objet de dégager les propriétés et les lois les plus générales de la vie. C'est la partie philosophique de la science. Mais comme la valeur de la synthèse dépend de la valeur des analyses dont elle résulte, faire avancer ce travail d'analyse constitue la tâche la plus urgente de la sociologie.

En résumé, le tableau ci-contre représente schématiquement les principales divisions de la sociologie.

Morphologie sociale	Étude de la base géographique des peuples dans ses rapports avec l'organisation sociale Étude de la population, son volume, sa densité, sa disposition sur le sol.
Physiologie sociale	Sociologie religieuse Sociologie morale. Sociologie juridique. Sociologie économique. Sociologie linguistique. Sociologie esthétique.
Sociologie générale.	

3. La méthode sociologique

Après avoir déterminé le domaine de la sociologie et ses principales subdivisions, il nous faut essayer de caractériser les principes les plus essentiels de la méthode qui est employée dans cette science.

Les principaux problèmes de la sociologie consistent à rechercher de quelle manière s'est constituée une institution politique, juridique, morale, économique, religieuse, une croyance, etc., quelles causes l'ont suscitée, à quelles fins utiles elle répond. L'histoire comparée, entendue de la manière que nous allons essayer de préciser, est le seul instrument dont dispose le sociologue pour résoudre ces sortes de questions.

En effet, pour comprendre une institution, il faut savoir de quoi elle est faite. C'est un tout complexe, formé de parties : il faut connaître ces parties, expliquer chacune d'elles à part et la façon dont elles se sont composées ensemble. Pour les découvrir, il ne suffit pas de considérer l'institution sous sa forme achevée et récente ; car, parce que nous y sommes accoutumés, elle nous paraît plutôt simple. En tout cas, rien n'indique en elle où commencent et où finissent les éléments divers dont elle est formée. Il n'y a pas de ligne de démarcation qui les sépare les uns des autres d'une manière visible, pas plus que nous n'apercevons à l'œil nu les cellules dont sont formés les tissus de l'être vivant, les molécules dont sont composés les corps bruts. Il faut un instrument d'analyse pour les faire apparaître. C'est l'histoire qui joue ce rôle. En effet, l'institution considérée s'est constituée progressivement, fragment par fragment, les parties qui la forment sont nées les unes après les autres, et se sont ajoutées plus ou moins lentement les unes aux autres, il suffit donc d'en suivre la genèse dans le temps, c'est-à-dire dans l'histoire, pour voir les divers éléments dont elle résulte, naturellement dissociés. Ils s'offrent alors à l'observateur les uns après les autres, dans l'ordre même où ils se sont formés et combinés ensemble. Rien de plus simple, semble-t-il, que la notion de parenté ; l'histoire nous montre qu'elle est d'une extrême complexité : l'ide de consanguinité y entre, mais il y entre bien autre chose, car nous trouvons des types de famille où la consanguinité ne joue qu'un rôle tout à fait accessoire ; la parenté maternelle et la parenté paternelle sont des choses qualitativement distinctes, qui sont sous la dépendance de causes tout à fait différentes et qui demandent, par conséquent, à être étudiées séparément, car nous trouvons dans l'histoire des types de famille où une seulement de ces deux parentés a existé à l'exclusion de l'autre. En un mot, l'histoire joue, dans l'ordre des réalités sociales, un rôle analogue à celui du microscope dans l'ordre des réalités physiques.

De plus, elle seule permet d'expliquer. En effet, expliquer une institution, c'est rendre compte des éléments divers qui servent à la former, c'est montrer leurs causes et leurs raisons d'être. Mais comment découvrir ces causes, sinon en se reportant au moment où elles ont été opérantes, c'est-à-dire où elles ont suscité les faits que l'on cherche à comprendre ? Car c'est à ce moment seulement qu'il est possible de saisir la manière dont elles ont agi et engendré leur effet. Or ce moment est derrière nous. Le seul moyen d'arriver à savoir comment chacun de ces éléments est né, c'est de l'observer à l'instant même où il est né et d'assister à sa genèse : or cette genèse a eu lieu dans le passé et, par conséquent, ne peut être connue que par l'histoire. Par exemple, la parenté, aujourd'hui, est double, elle compte aussi bien dans la ligne paternelle que dans la ligne maternelle. Pour savoir les causes déterminantes de cette organisation complexe, on observera d'abord les sociétés où la parenté est essentiellement ou exclusivement utérine [11] et on cherchera ce qui lui a donné naissance ; ensuite, on considérera les peuples où la parenté agnatique s'est constituée : enfin, comme celle-ci, quand elle apparaît, rejette souvent la première au second plan, on interrogera les civilisations où l'une et l'autre ont commencé à être mises sur le même plan, et on tâchera de découvrir les conditions qui ont déterminé cette égalité. C'est ainsi que les questions sociologiques s'échelonnent, pour ainsi dire, aux différentes étapes du passé et c'est à condition de les situer ainsi, de les rapporter aux divers milieux historiques où elles ont pris naissance, qu'il est possible de les résoudre.

La sociologie est donc, en grande partie, une sorte d'histoire entendue d'une certaine manière. L'historien, lui aussi, traite des faits sociaux ; mais il les considère surtout par le côté où ils sont particuliers à un peuple et à un temps déterminés. C'est la vie de telle nation, de telle individualité collective, prise à tel moment de son évolution, qu'il se propose généralement d'étudier. Sa tâche immédiate est de retrouver et de caractériser la physionomie propre, individuelle, de chaque société et même de chacune des périodes que comprend la vie d'une même société. Le

---

11   On appelle parenté utérine celle qui s'établit exclusivement ou essentiellement par les femmes ; parenté agnatique celle qui s'établit essentiellement ou exclusivement par les hommes.

sociologue, lui, s'attache uniquement à découvrir des rapports généraux, des lois vérifiables dans des sociétés différentes. Il ne cherchera pas spécialement ce qui a été la vie religieuse ou le droit de propriété en France ou en Angleterre, à Rome ou dans l'Inde, à tel ou tel siècle, mais ces études spéciales, qui lui sont d'ailleurs indispensables, ne sont pour lui que des moyens pour arriver à découvrir quelques-uns des facteurs de la vie religieuse en général. Or nous n'avons qu'une manière de démontrer qu'entre deux faits il existe une relation logique, un rapport de causalité par exemple, c'est de comparer les cas où ils sont simultanément présents ou absents et de chercher si les variations qu'ils présentent dans ces différentes combinaisons de circonstances témoignent que l'un dépend de l'autre. L'expérimentation n'est au fond qu'une forme de comparaison ; elle consiste à faire varier un fait, à le produire sous des formes variées qui sont ensuite méthodiquement comparées. Le sociologue ne pourra donc se tenir à la considération d'un seul peuple et encore moins d'une époque unique ; mais il devra comparer des sociétés de même type et aussi de types différents, afin que les variations qu'y présente l'institution, la pratique dont il veut rendre compte, rapprochées des variations que l'on constate parallèlement dans le milieu social, dans l'état des idées, etc., permettent d'apercevoir les relations qui unissent ces deux groupes de faits et d'établir entre eux quelque rapport de causalité. La méthode comparative est donc l'instrument, par excellence, de la méthode sociologique. L'histoire, au sens usuel du mot, est à la sociologie ce que la grammaire latine ou la grammaire grecque ou la grammaire française, prises et traitées séparément les unes des autres, sont à la science nouvelle qui a pris le nom de grammaire comparée [12].

Il y a cependant des cas où la matière des comparaisons sociologiques doit être demandée à une autre discipline que l'histoire. Il arrive que l'on recherche non pas comment une règle juridique ou morale, comment une croyance religieuse s'est formée, mais ce qui fait qu'elle est plus ou moins bien observée par les collectivités qui la pratiquent. Par exemple, au lieu de se demander d'où vient la règle qui prohibe

---

[12] Nous n'avons pas à nous expliquer ici sur ce que seront dans l'avenir les rapports de la sociologie et de l'histoire ; nous sommes convaincu qu'ils sont destinés à devenir toujours plus intimes et qu'un jour viendra où l'esprit historique et l'esprit sociologique ne différeront plus que par des nuances. En effet, le sociologue ne peut procéder à ses comparaisons et à ses inductions qu'à condition de connaître bien et de près les faits particuliers sur lesquels elles s'appuient, tout comme un historien et, d'un autre côté, la réalité concrète qu'étudie plus immédiatement l'historien peut être éclairée par les résultats des inductions sociologiques. Si donc, dans ce qui précède, nous différencions l'histoire de la sociologie, ce n'est pas pour creuser entre ces deux disciplines un fossé infranchissable, alors qu'elles sont, au contraire, appelées à devenir de plus en plus solidaires ; c'est seulement pour caractériser aussi exactement que possible ce qu'a de propre le point de vue sociologique.

l'homicide, on se donnera comme tâche de découvrir les causes diverses qui font que les peuples, les groupes de toute sorte sont plus ou moins enclins à la violer. De même, on pourra se proposer de trouver quelques-uns des facteurs qui font que les mariages sont plus ou moins fréquents, plus ou moins précoces, plus ou moins facilement dissous par le divorce, etc. Pour résoudre ces sortes de questions, c'est essentiellement à la statistique qu'il faut s'adresser. On cherchera comment la fréquence des homicides, des mariages, des divorces, varie suivant les sociétés, suivant les confessions religieuses, suivant les professions, etc. C'est notamment d'après cette méthode que doivent être traités les problèmes relatifs aux conditions diverses dont dépend la moralité des peuples [13]. C'est à l'aide du même procédé que l'on peut, en sociologie économique, étudier en fonction de quelles causes varient les salaires, le taux de la rente, le taux de l'intérêt, la valeur d'échange des monnaies, etc.

Mais, quelle que soit la technique spéciale à laquelle il a recours, il est une règle que le sociologue ne doit jamais perdre de vue : il faut qu'avant de se mettre à l'étude d'une catégorie détermine de phénomènes sociaux, il commence

---

[13]   II ne faut pas confondre la morale et la moralité. La moralité est mesurée par la manière dont la morale est appliquée. On pourrait se poser la même question à propos de la religion.

par faire table rase des notions qu'il a pu s'en former au cours de sa vie ; il faut qu'il prenne pour principe qu'il ne sait rien d'eux, de leurs caractères comme des causes dont ils dépendent ; il faut, en un mot, qu'il se mette dans l'état d'esprit où sont physiciens, chimistes, physiologistes et même, aujourd'hui, psychologues, quand ils s'engagent dans une région encore inexplorée de leur domaine scientifique.

Malheureusement, cette attitude, si nécessaire qu'elle soit, n'est pas facile à observer vis-à-vis de la réalité sociale : des habitudes invétérées nous en détournent. Parce que nous pratiquons chaque jour les règles de la morale et du droit, parce que nous achetons, que nous vendons, que nous échangeons des valeurs, etc., nous avons forcément quelque idée de ces différentes choses : sans quoi nous ne pourrions nous acquitter de nos tâches quotidiennes. De là une illusion toute naturelle : nous croyons tenir avec ces idées tout l'essentiel des choses auxquelles elles se rapportent. Le moraliste ne se donne pas beaucoup de peine pour expliquer ce que c'est que la famille, la parenté, le pouvoir paternel, le contrat, le droit de propriété ; l'économiste ne procède pas autrement pour ce qui concerne la valeur, l'échange, la rente, etc. Il semble qu'on en ait la science innée ; on se borne à prendre conscience, le plus clairement possible, de l'idée qu'on se fait couramment de ces réalités complexes. Or ces notions, qui se sont formées sans méthode pour répondre à des exigences pratiques, sont dépourvues de toute valeur scientifique ; elles n'expriment pas plus exactement les choses sociales que les notions que le vulgaire a des corps et de leurs propriétés, de la lumière, du son, de la chaleur, etc., ne représentent exactement la nature de ces corps et leurs caractères objectifs. Le physicien, le chimiste font abstraction de ces représentations usuelles et la réalité, telle qu'ils nous la font connaître, se trouve être, en fait, singulièrement différente de celle que les sens perçoivent immédiatement. Le sociologue doit faire de même, il doit se mettre en face des faits sociaux en oubliant tout ce qu'il croit en savoir, comme en face de l'inconnu. La sociologie ne doit pas être une simple illustration d'évidences toutes faites et qui sont trompeuses ; elle doit être ouvrière de découvertes qui même ne peuvent manquer de déconcerter souvent les notions reçues. Nous ignorons tout de ces choses sociales au milieu desquelles nous nous Mouvons, c'est aux différentes sciences sociales qu'il appartient de nous les faire progressivement connaître.

FIN